1

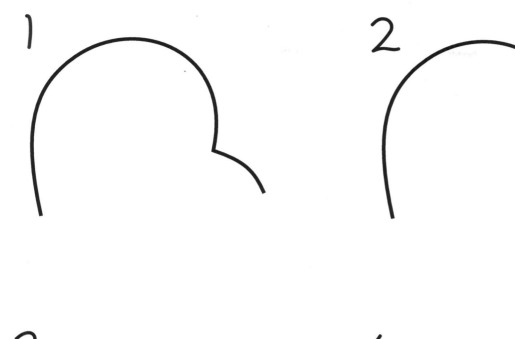

2

3

4

5

6

1

2

3

4

5

6

1

2

3

4

5

6

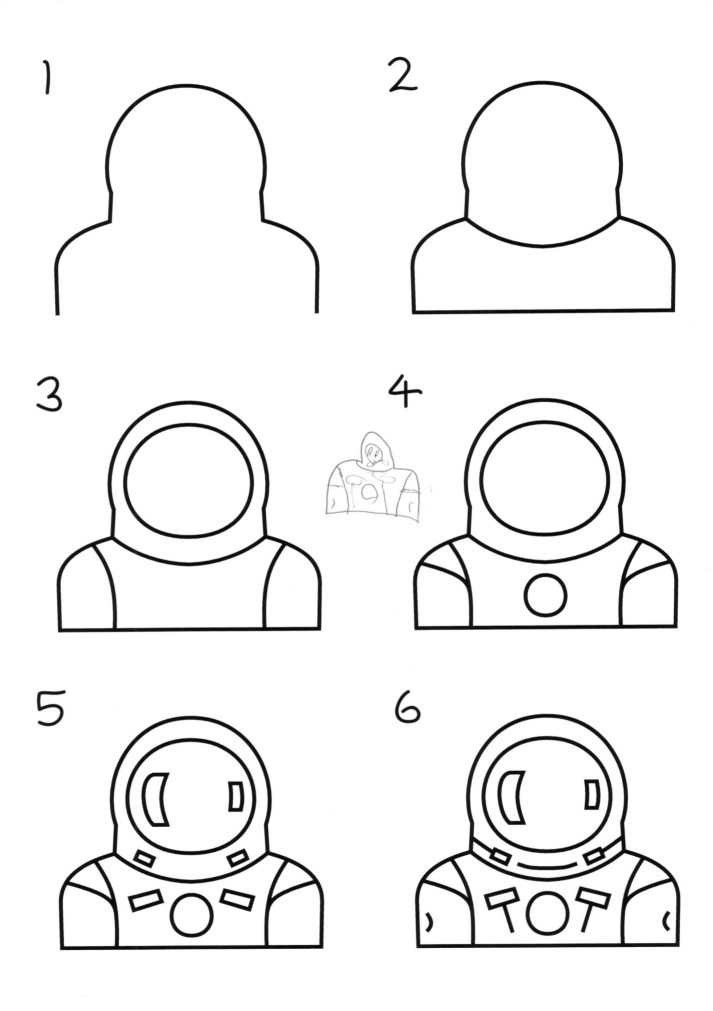

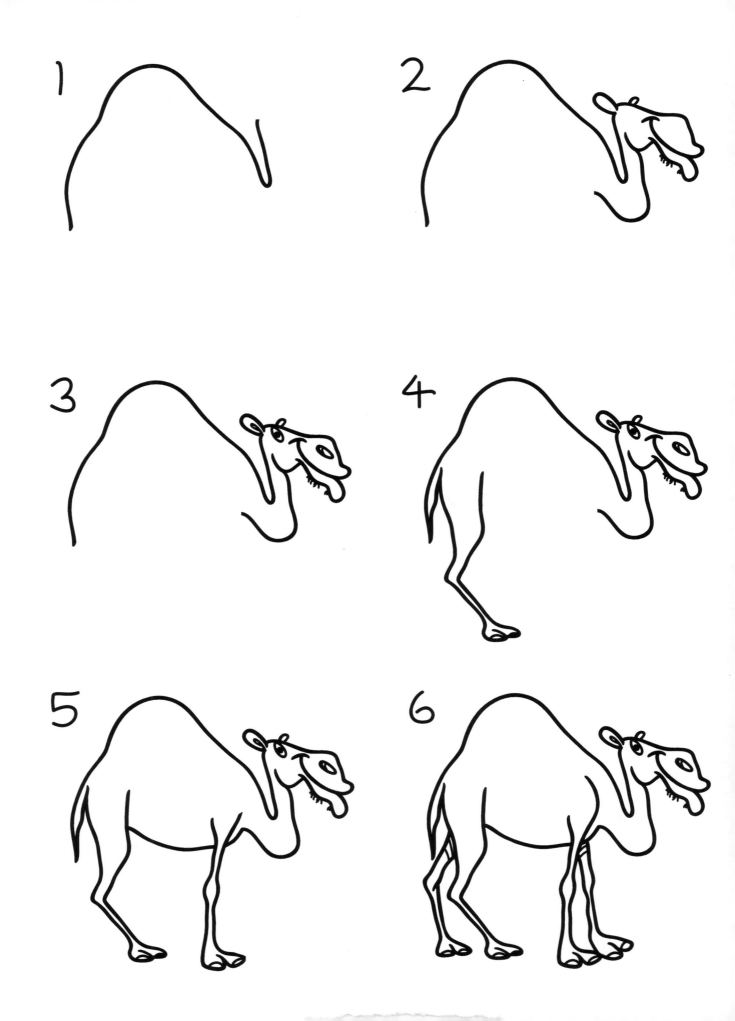

1

2

3

4

5

6

Rasbaerey

1

2

3

4

5 Va

5

6

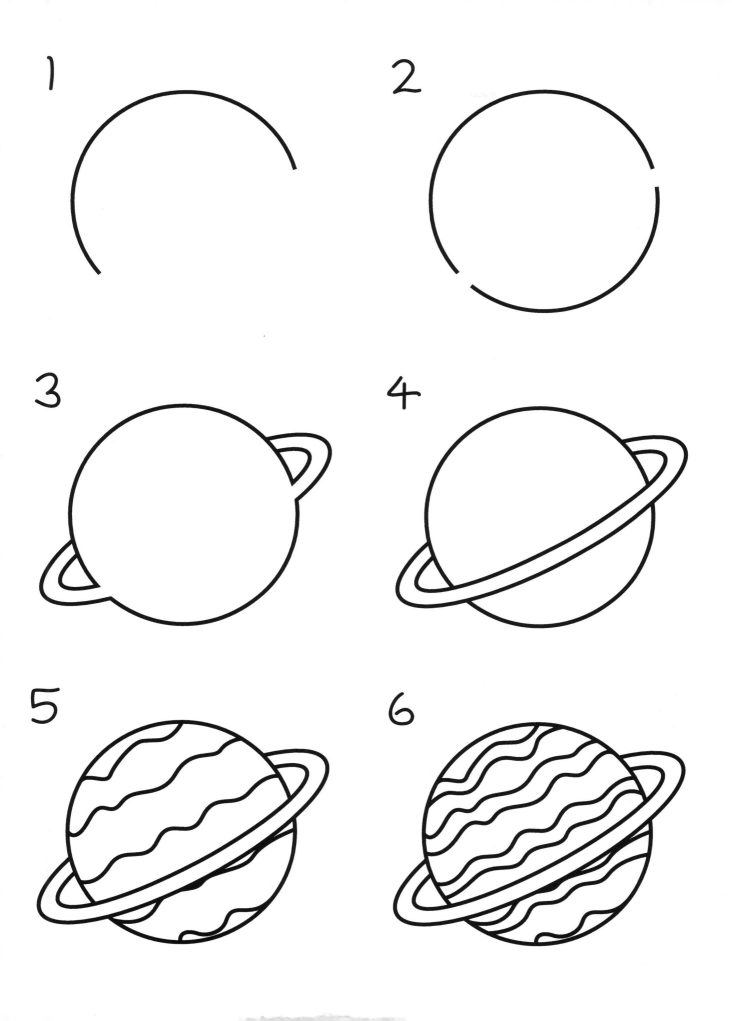

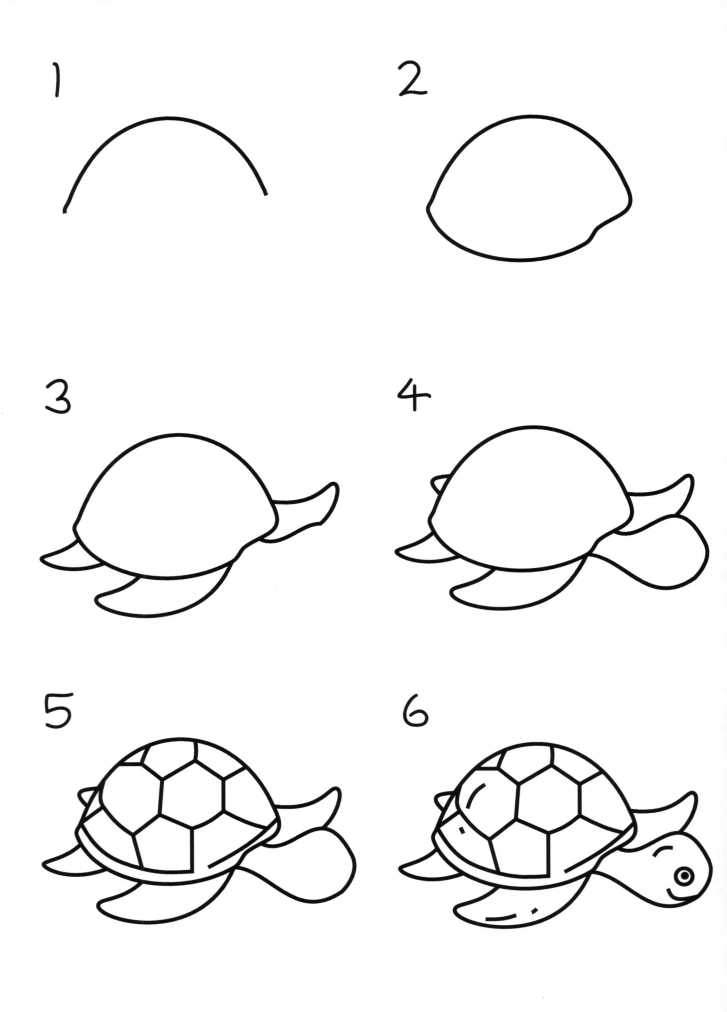

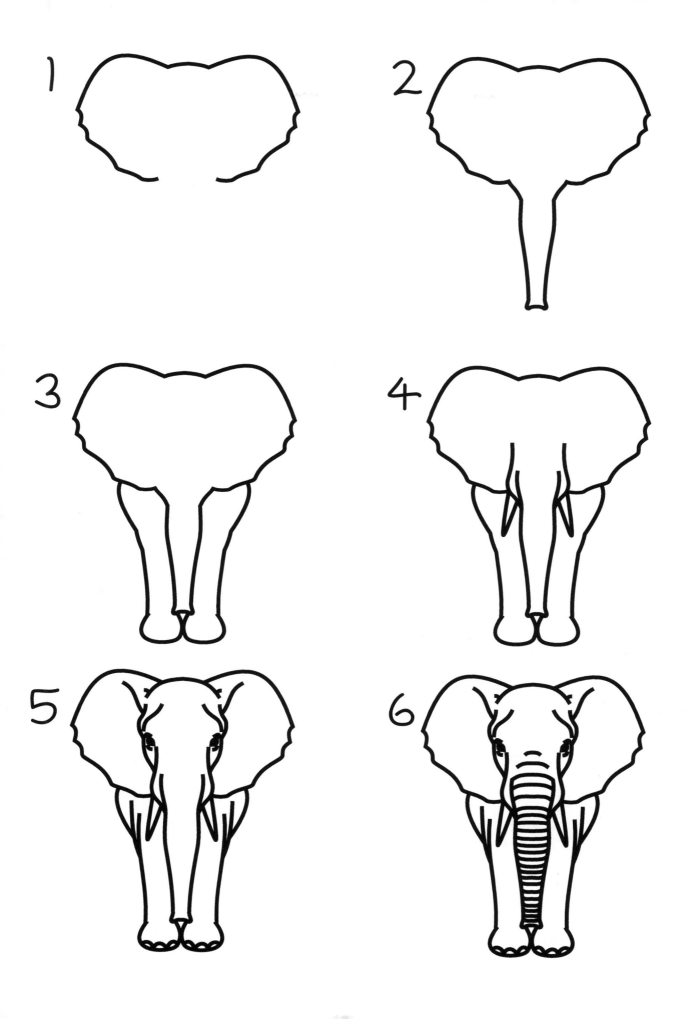

1

2

3

4

5

6

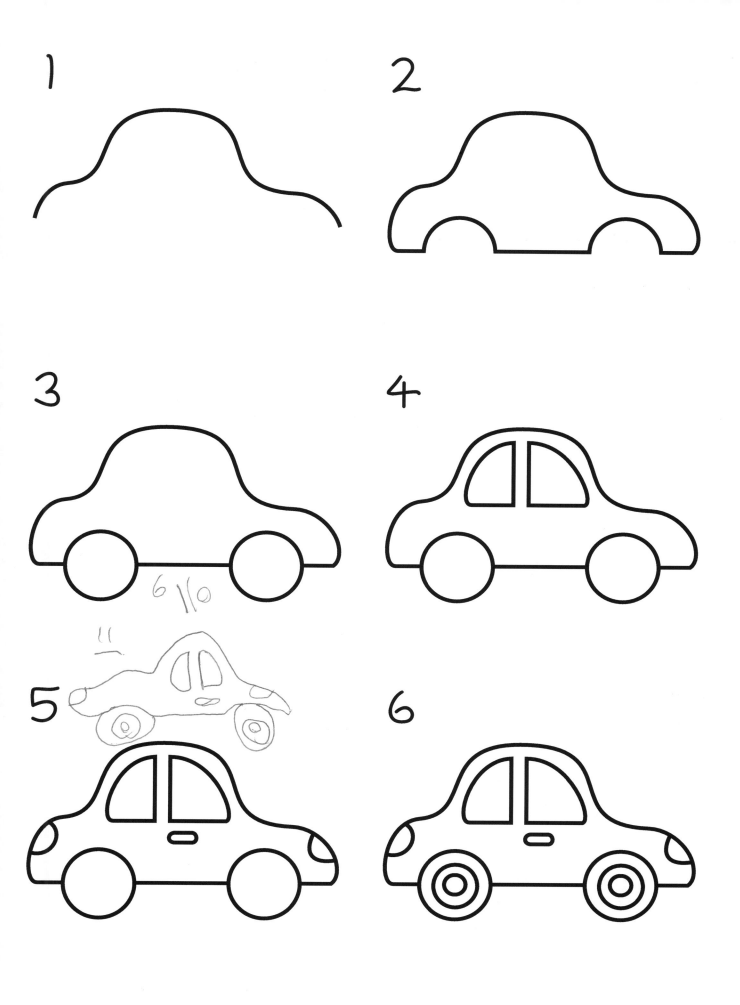

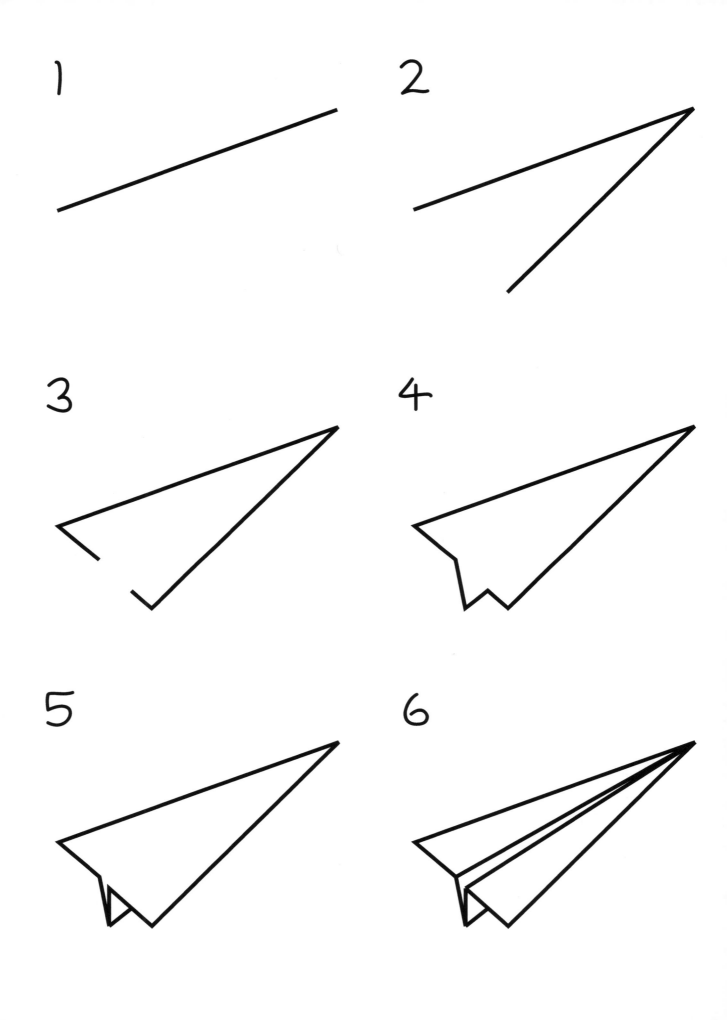

1

2

3

4

5

6

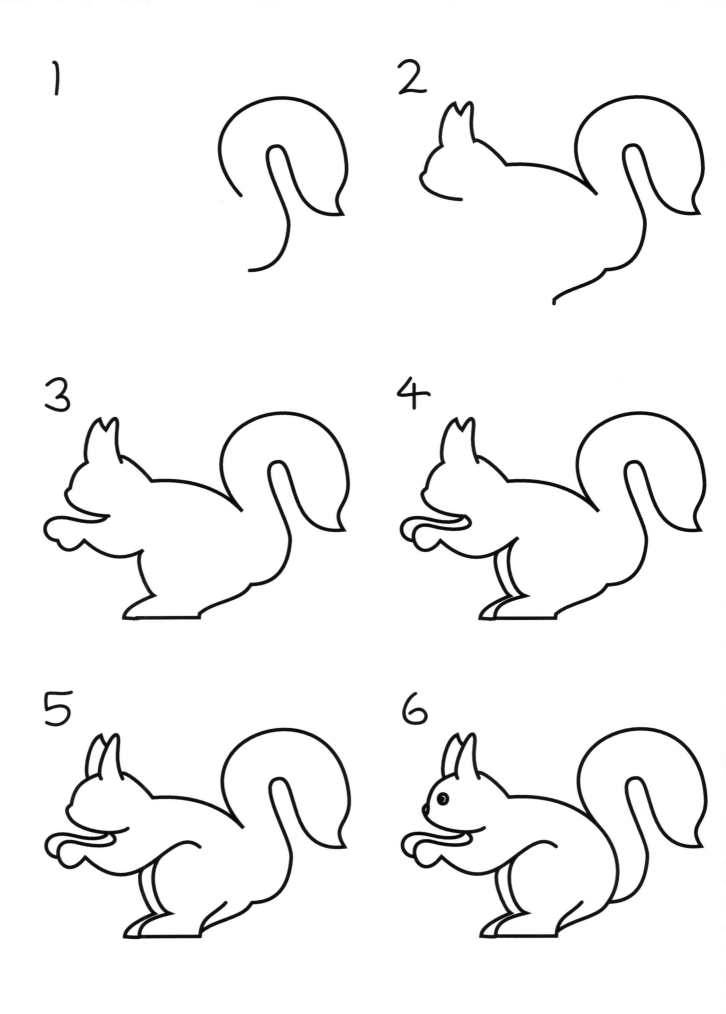

1

2

3

4

5

6

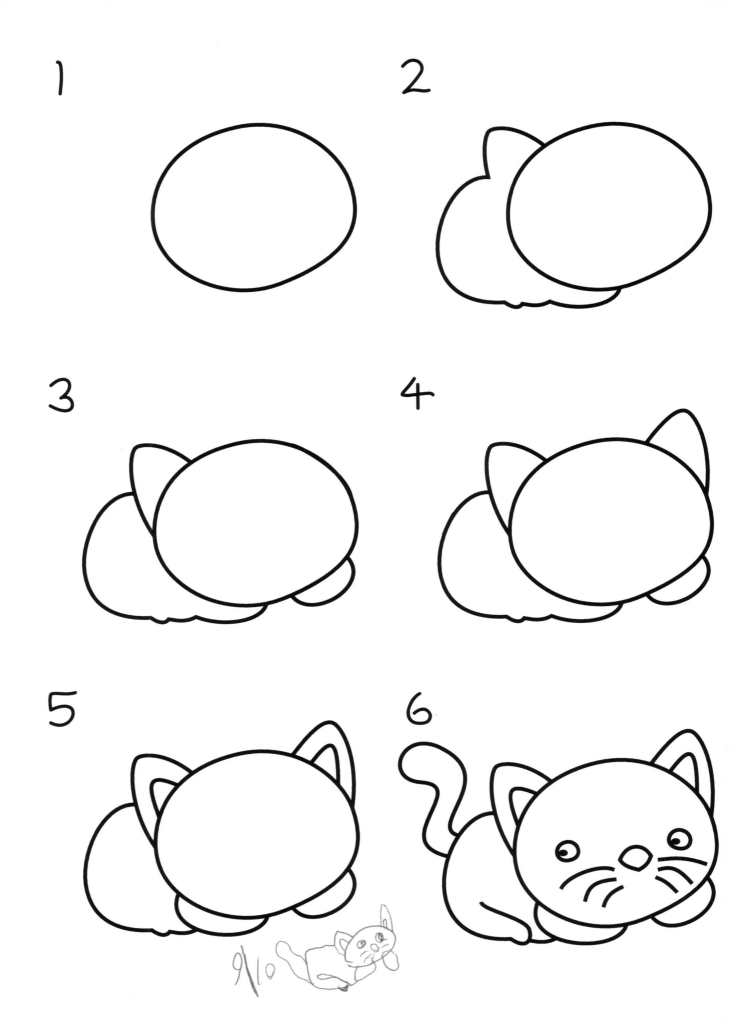

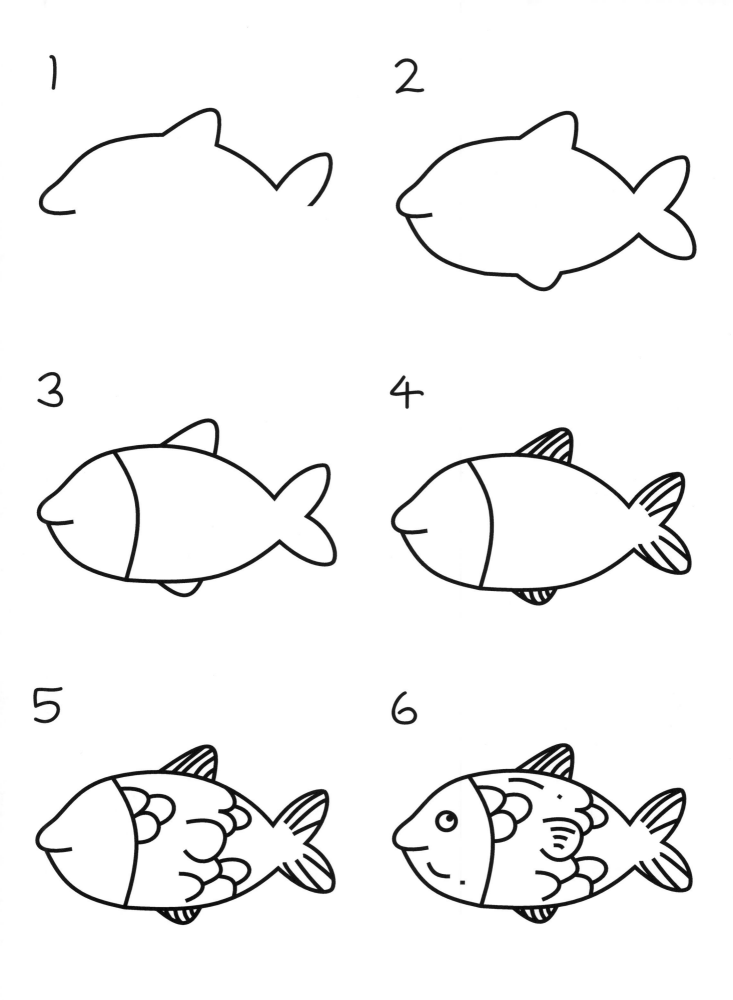

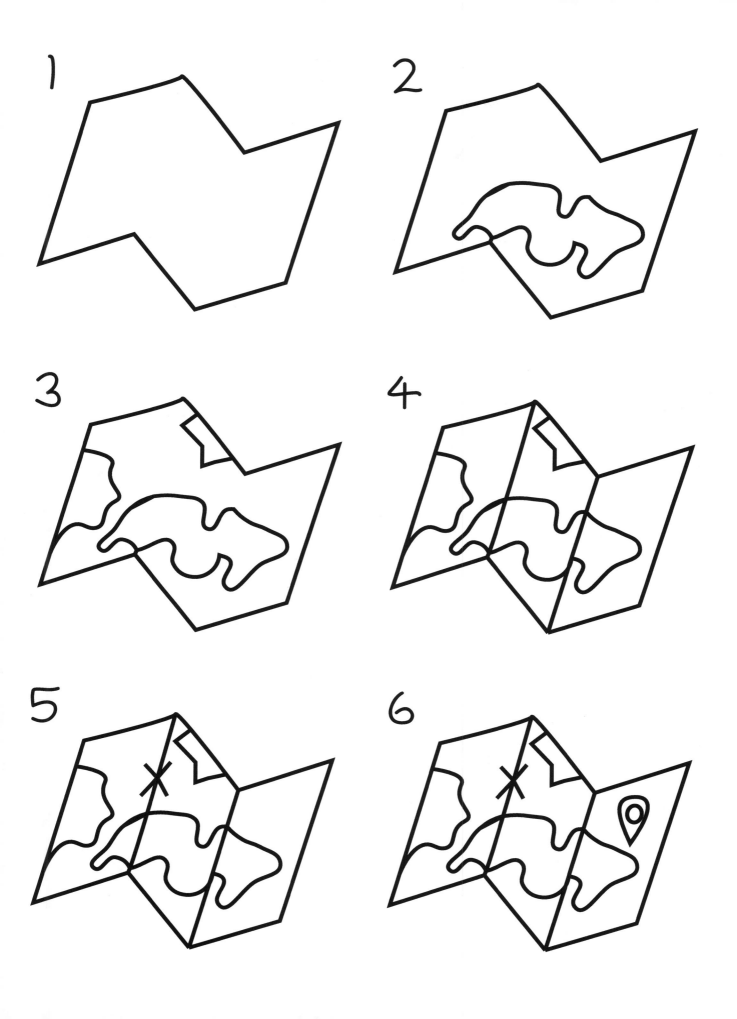

1

2

3

4

5

6

1

2

3

4

5

6

1

2

3

4

5

6

1

2

3

4

5

6

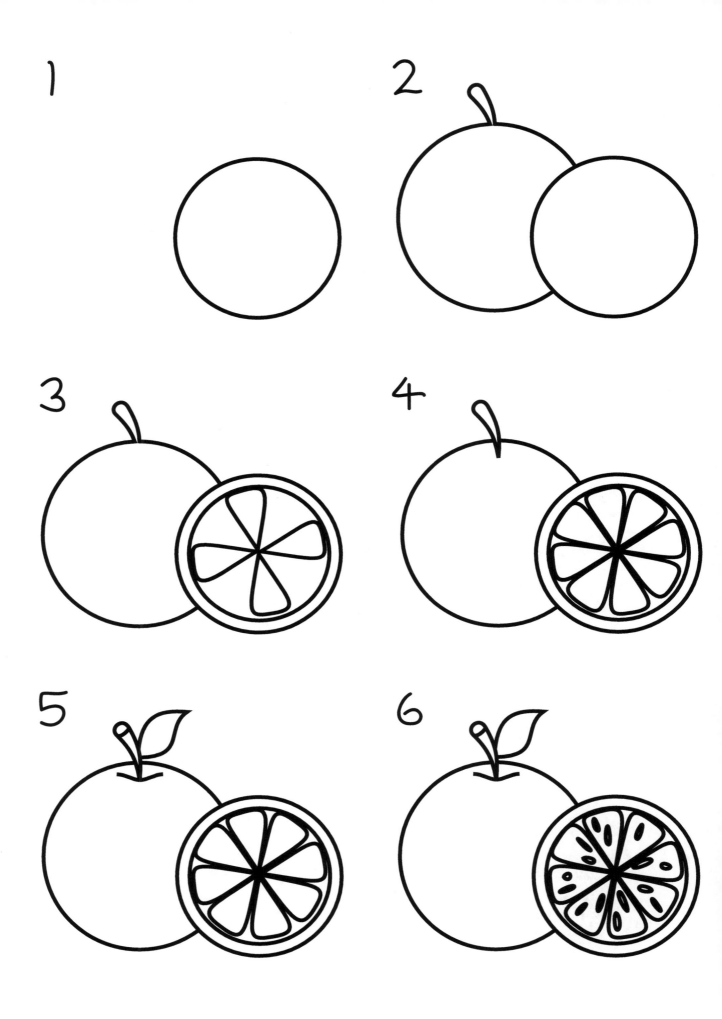

1

2

3

4

5

6

1

2

3

4

5

6

1

2

3

4

5

6

1

2

3

4

5

6

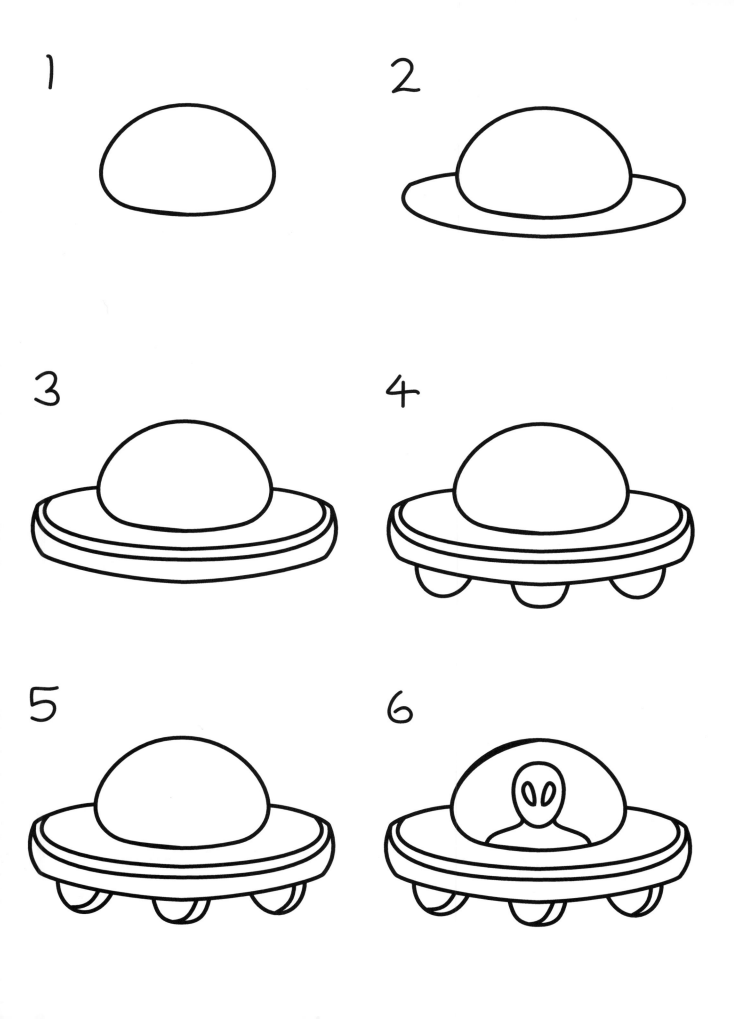

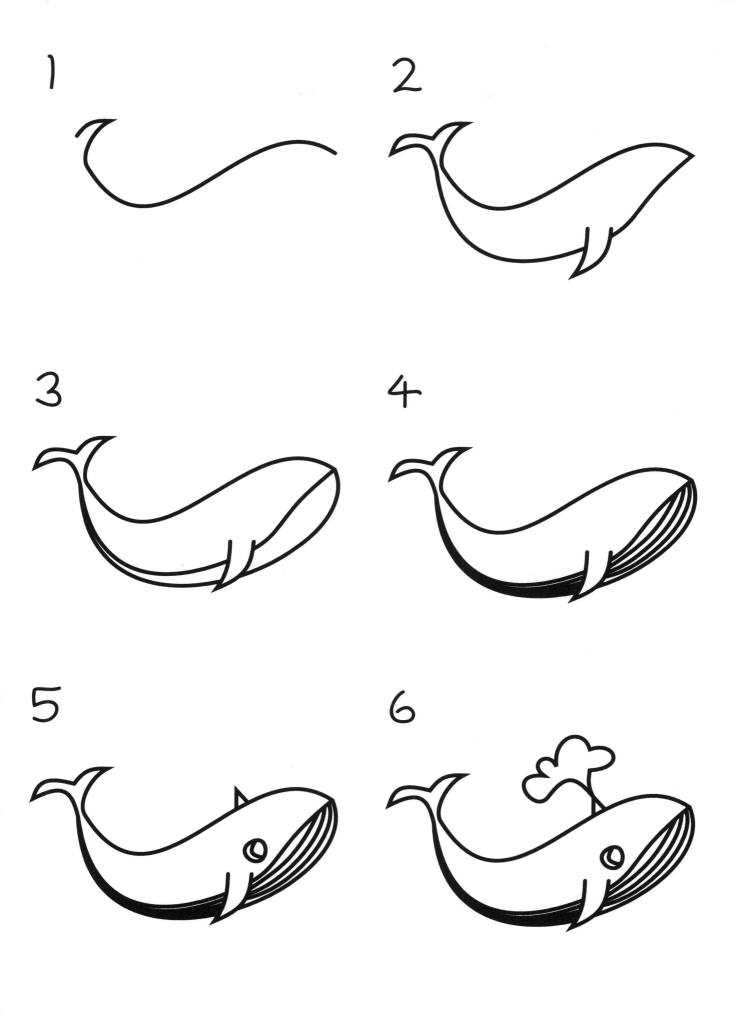

1

2

3

4

5

6

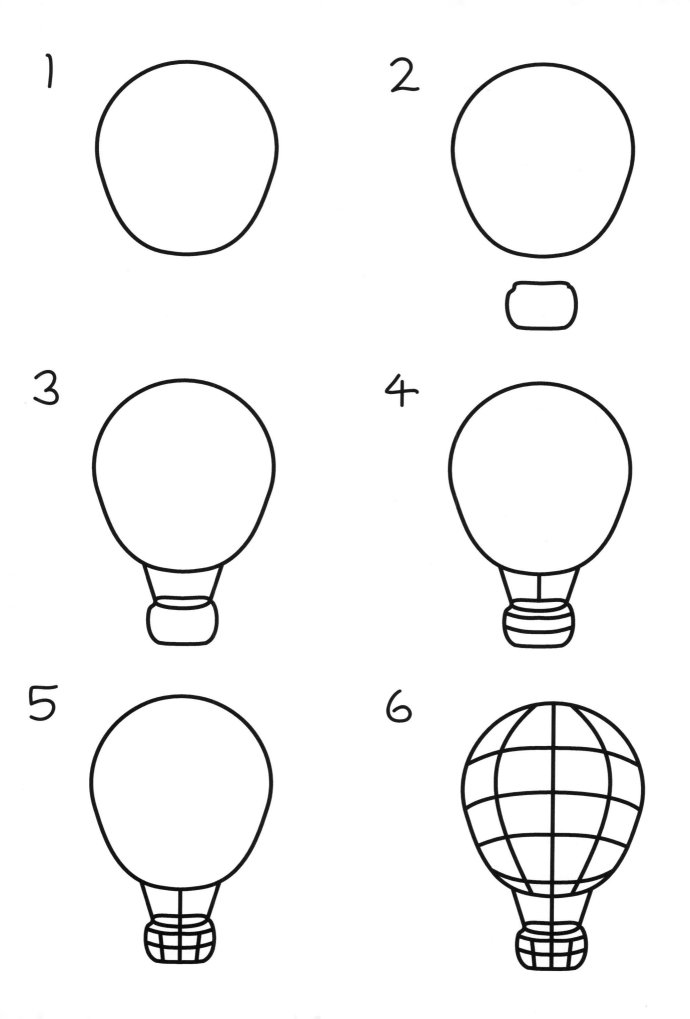

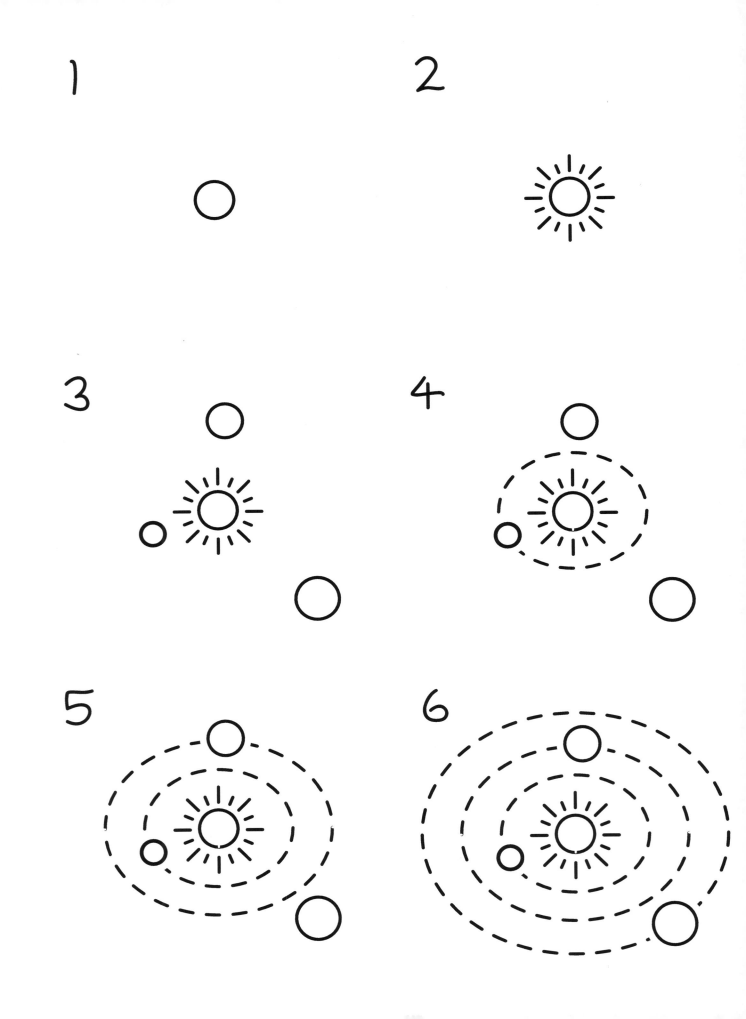

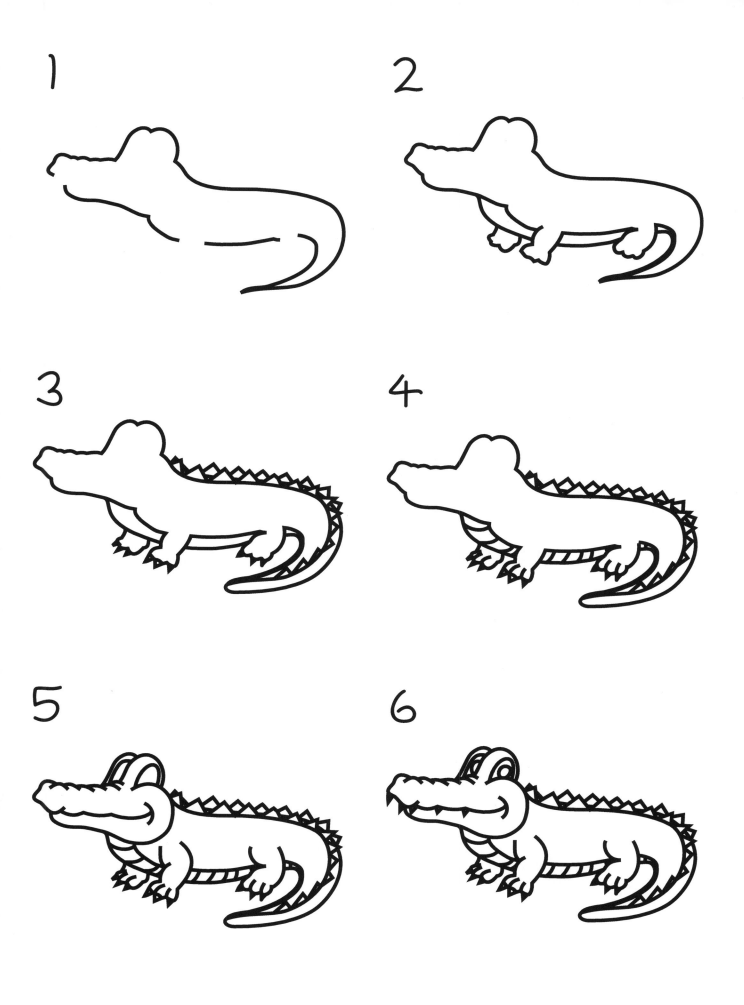

1

2

3

4

5

6

1

2

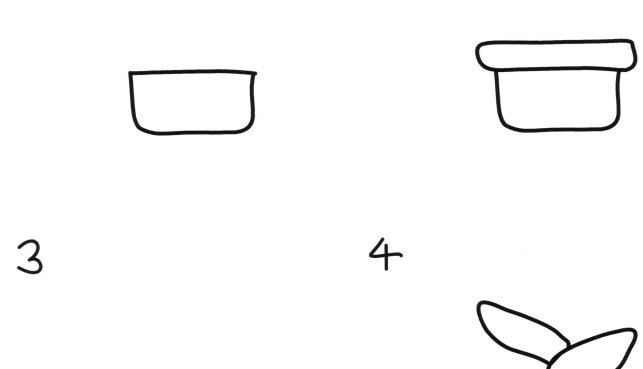

3

4

5

6

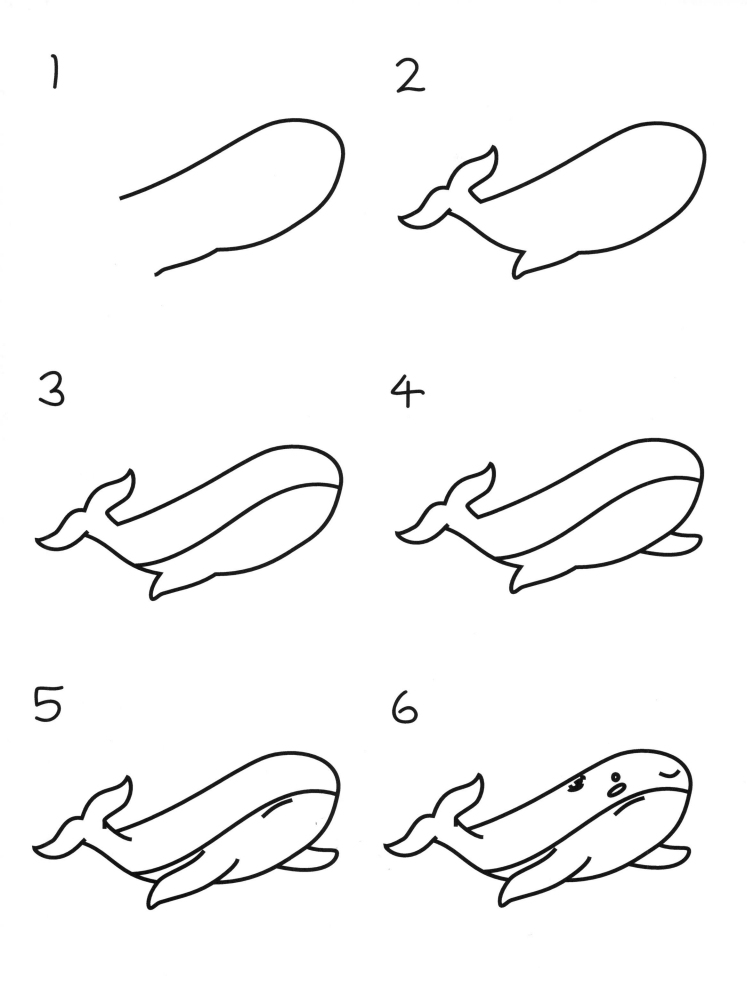

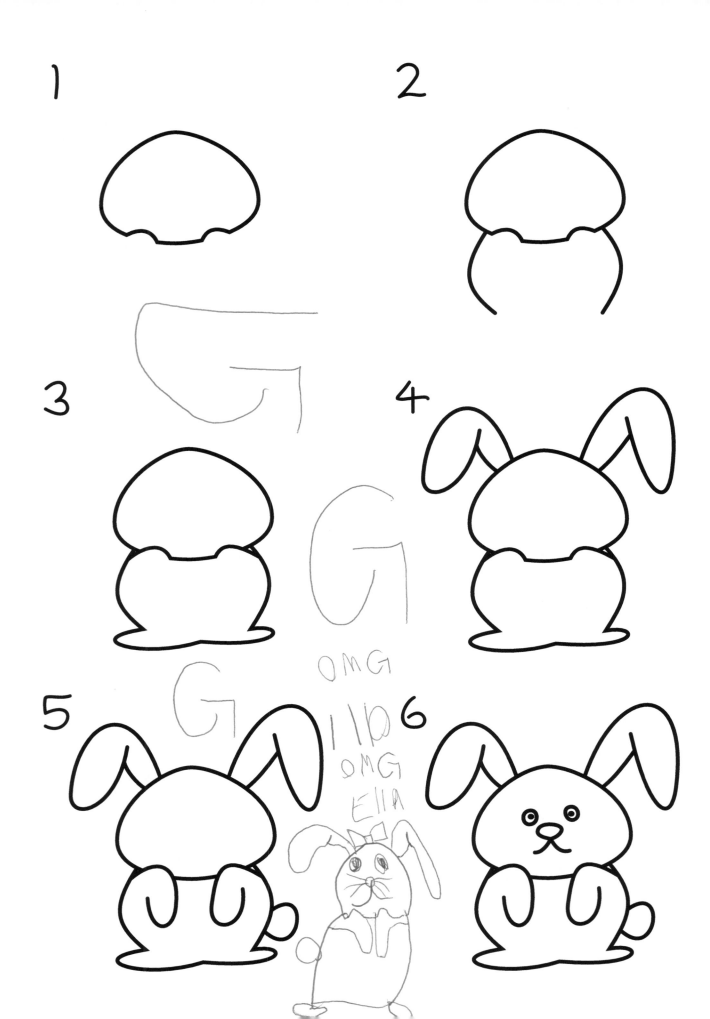

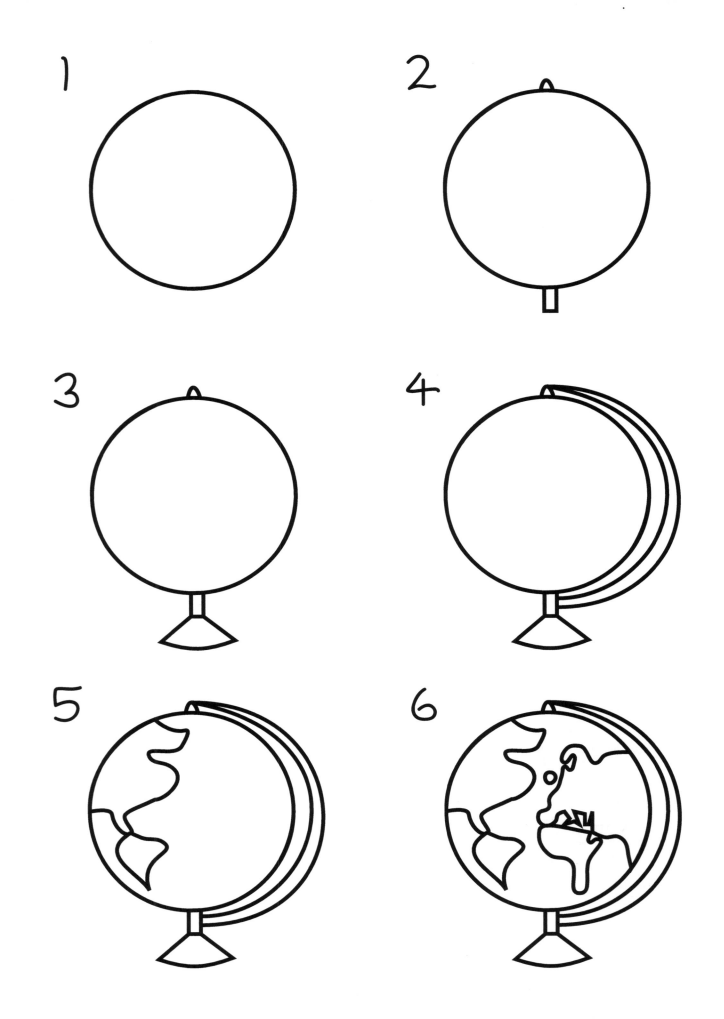

1

2

3

4

5

6

1

2

3

4

5

6

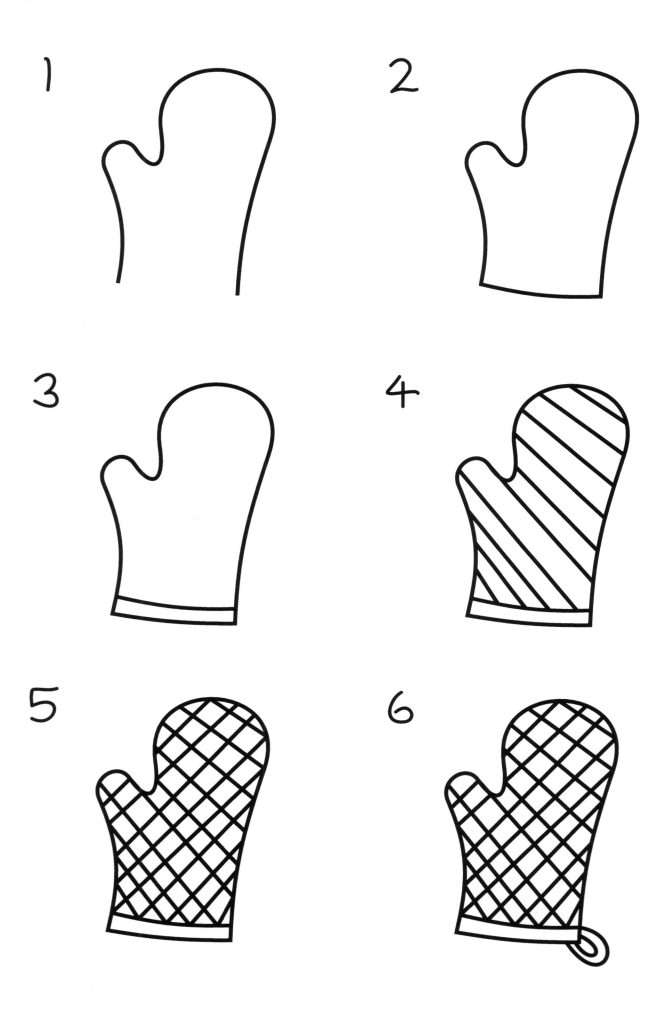

1

2

3

4

5

6

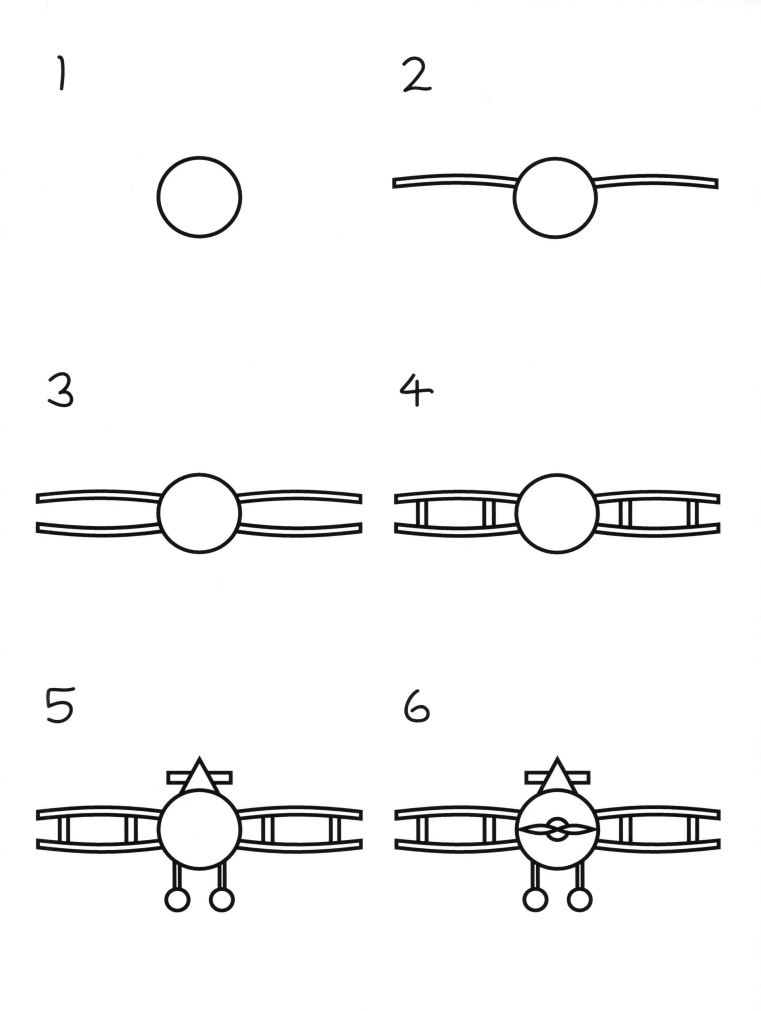

1

2

3

4

5

6

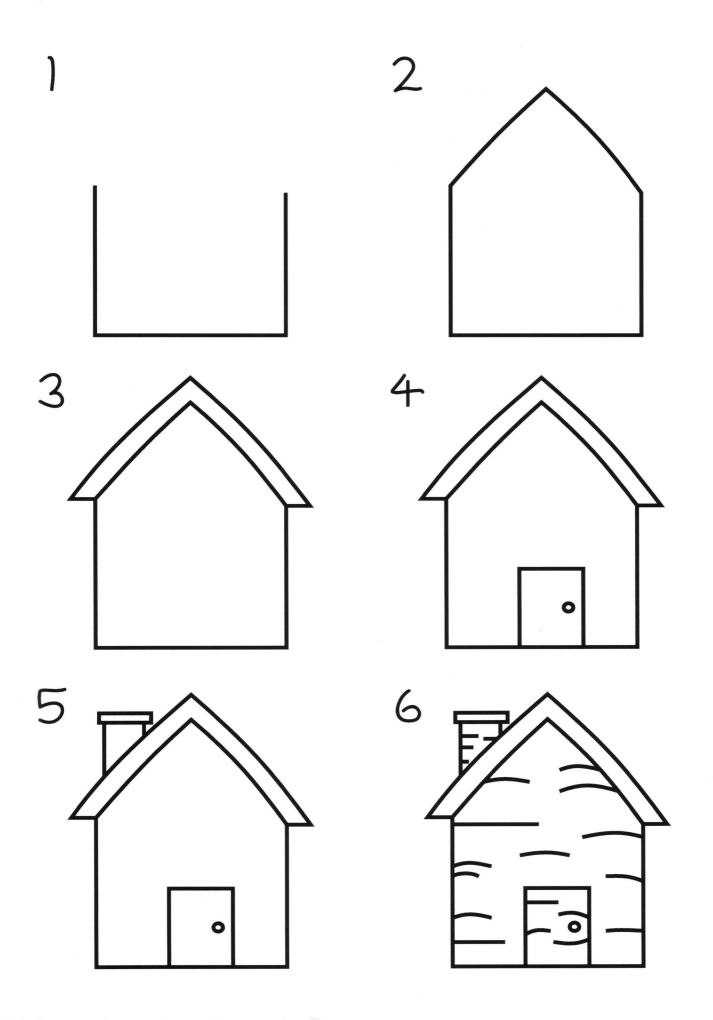

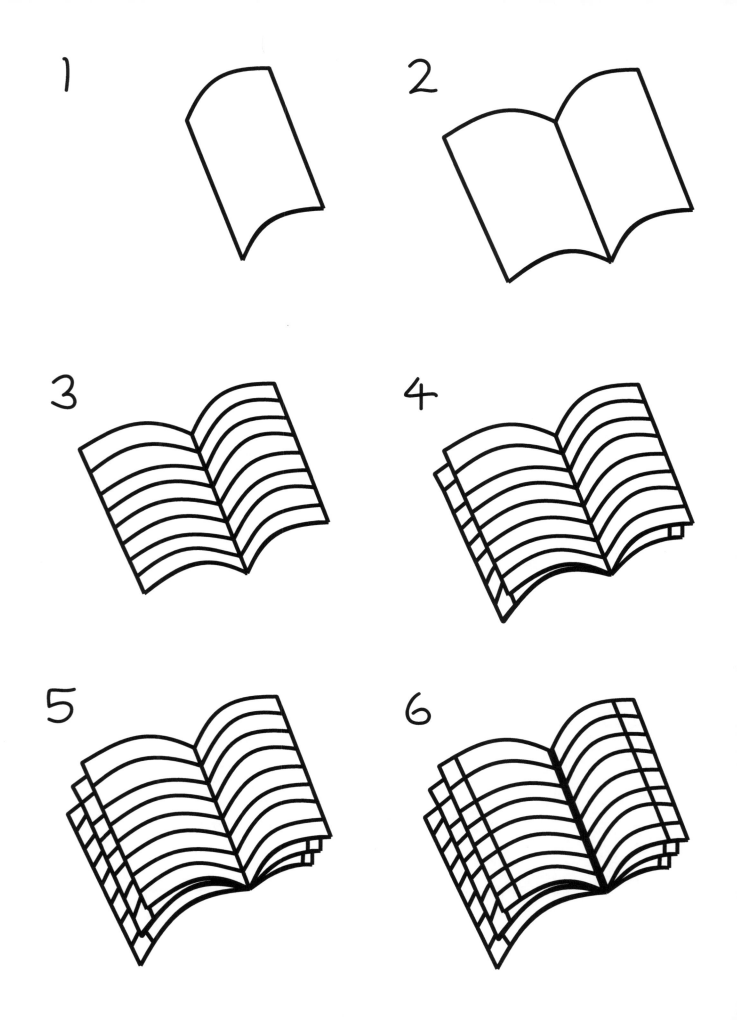

1

2

3

4

5

6

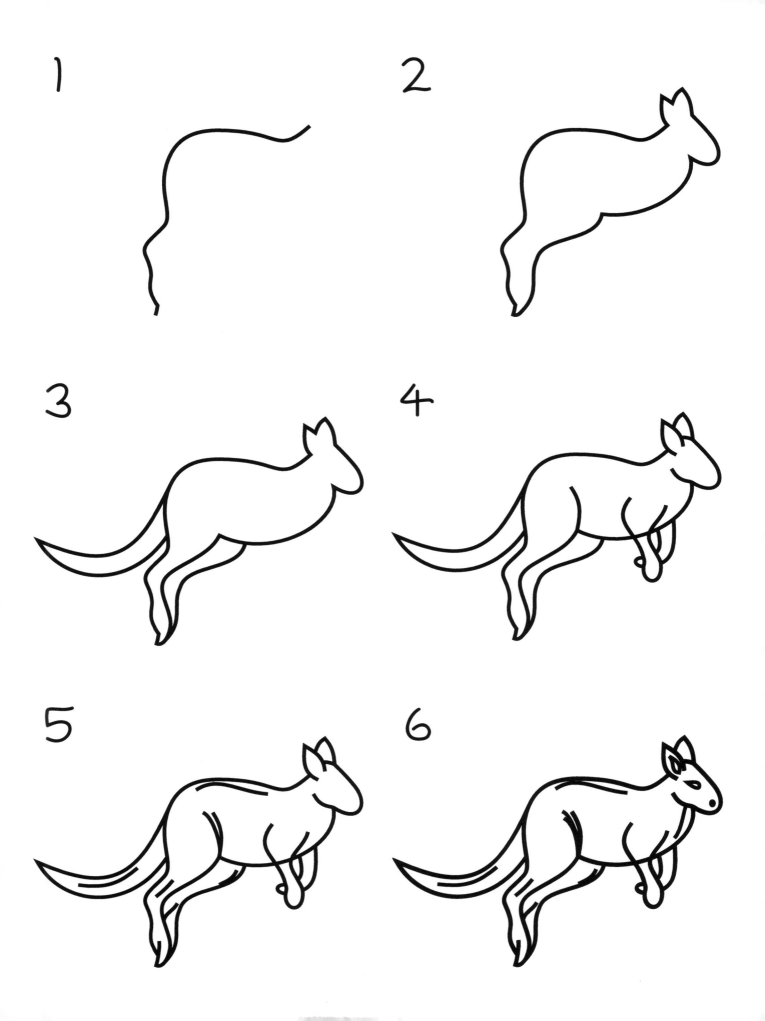

1

2

3

4

5

6

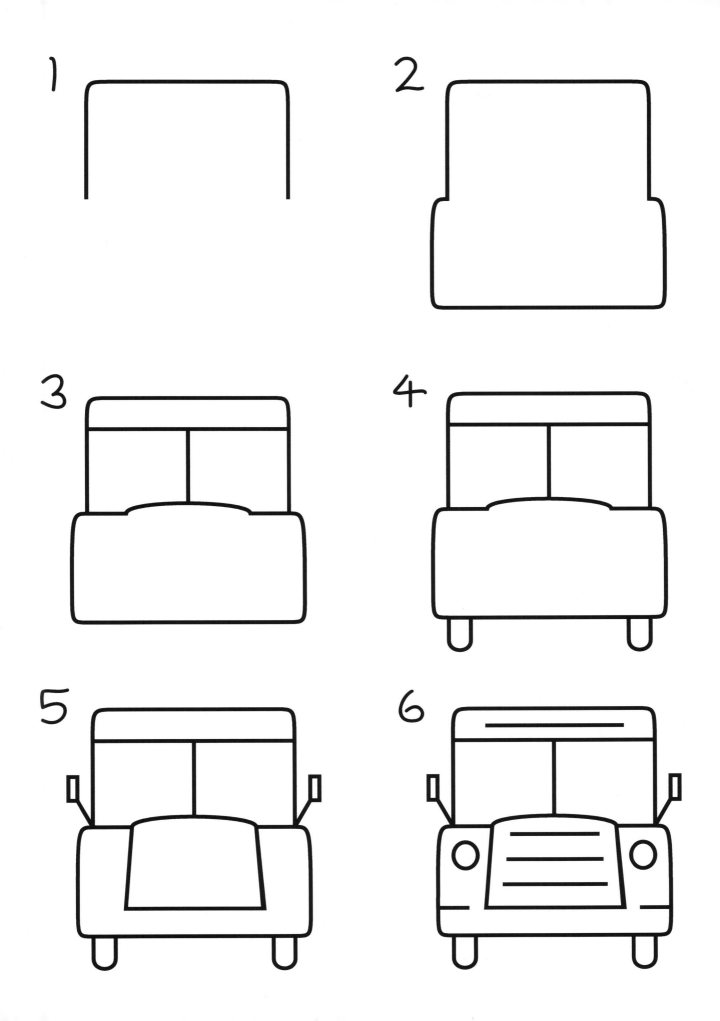

1

2

3

4

5

6

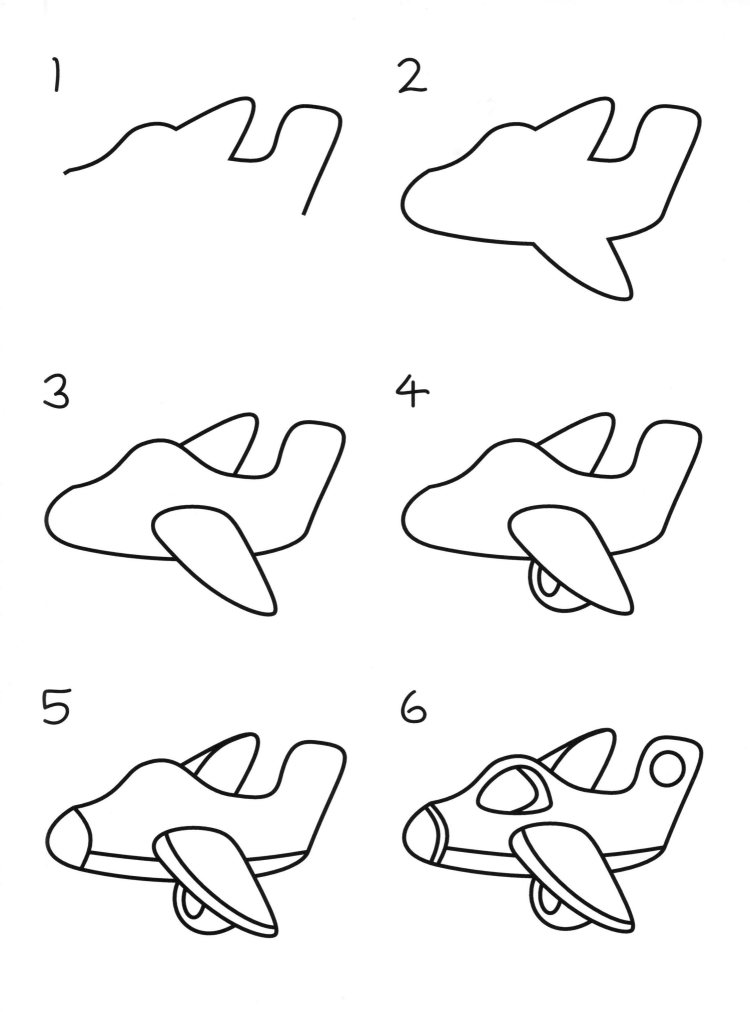

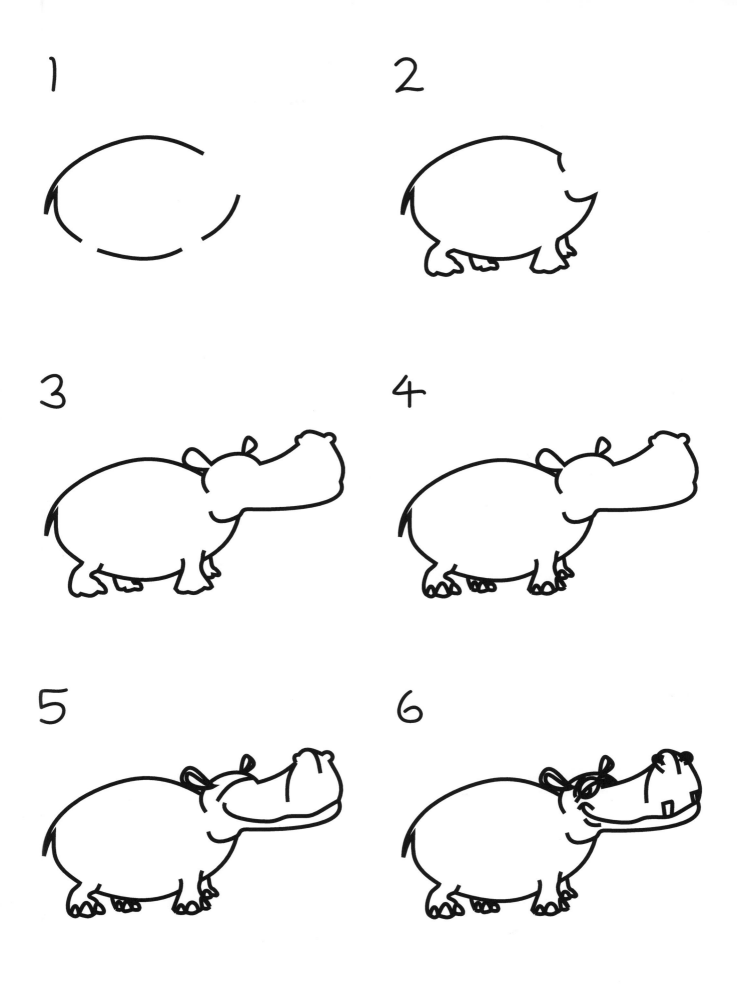

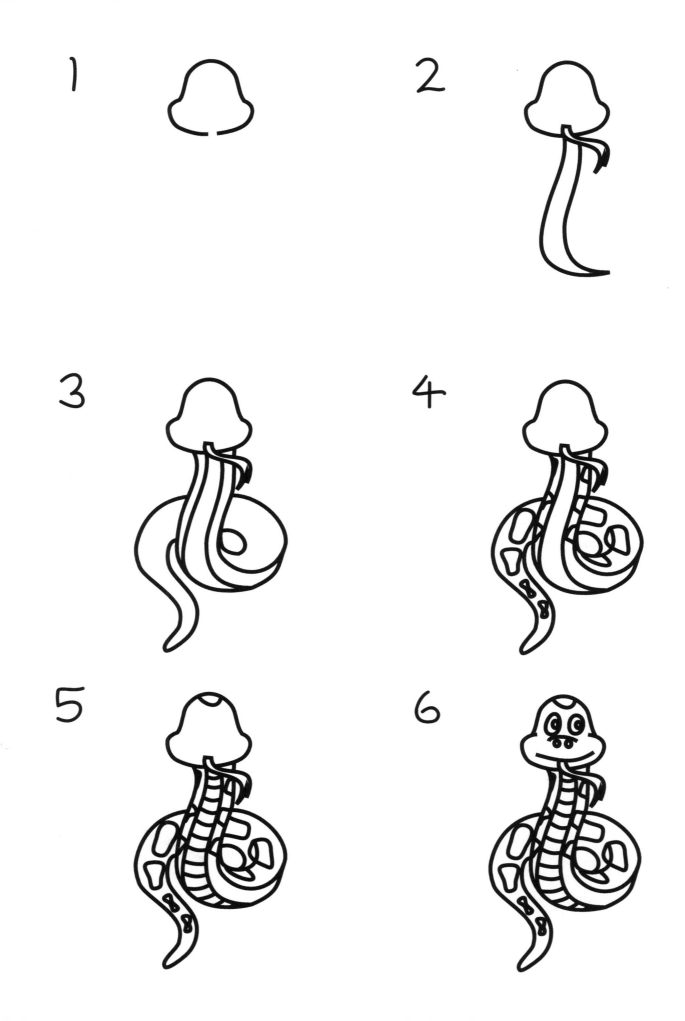

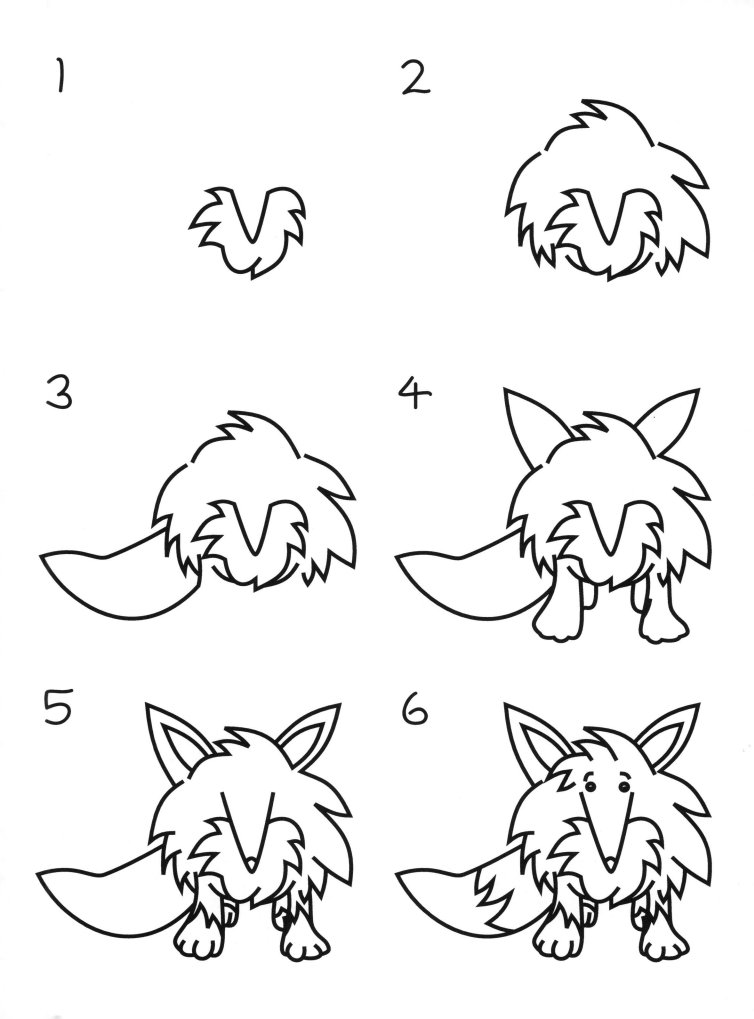

1

2

3

4

5

6

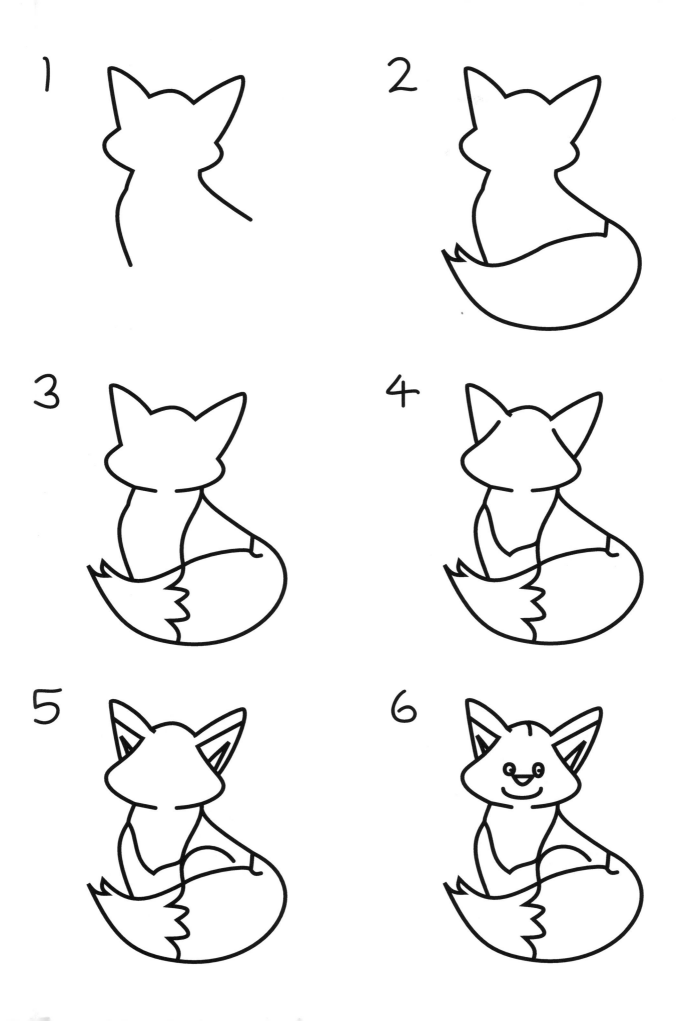

1

2

3

4

5

6

1

2

3

4

5

6

1

2

3

4

5

6

1

2

3

4

5

6

1

2

3

4

5

6

1

2

3

4

5

6

1

2

3

4

5

6

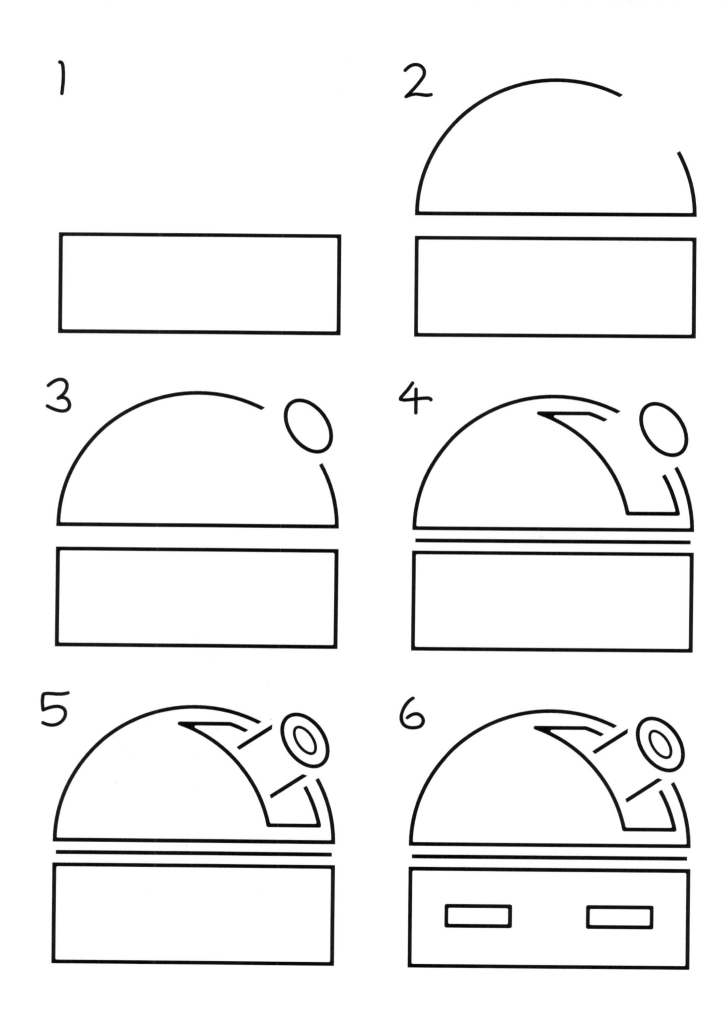

1

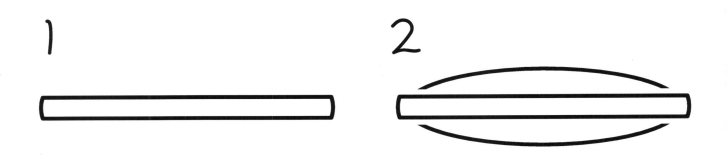

2

3

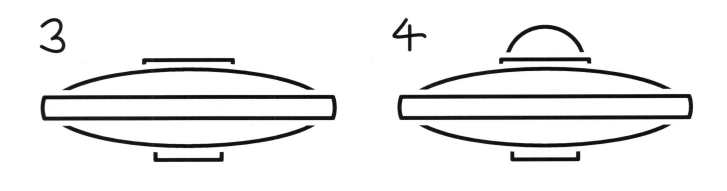

4

5

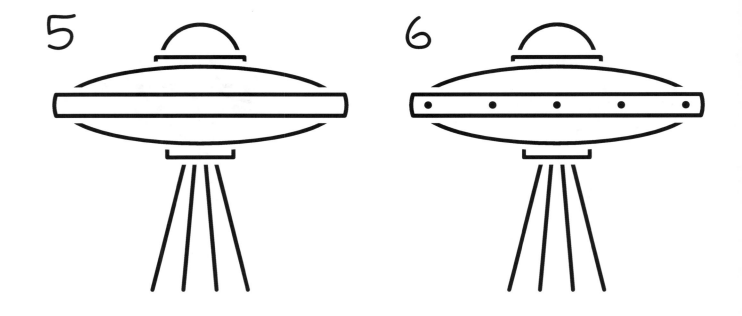

6

1

2

3

4

5

6

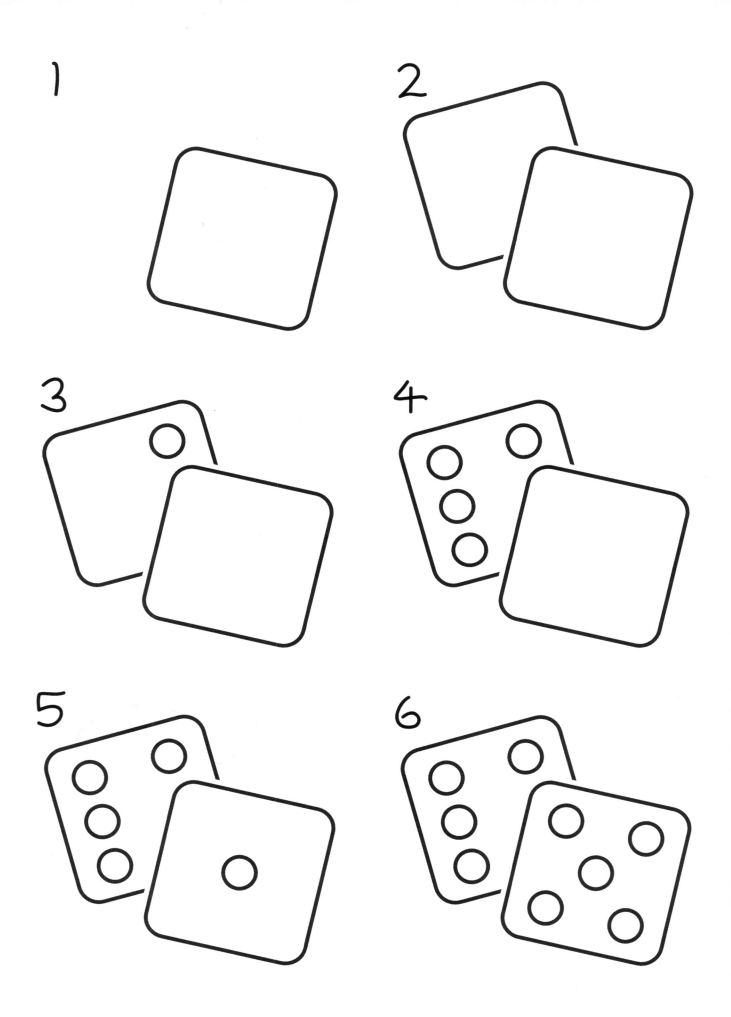

1

2

3

4

5

6

1

2

3

4

5

6

1

2

3

4

5

6

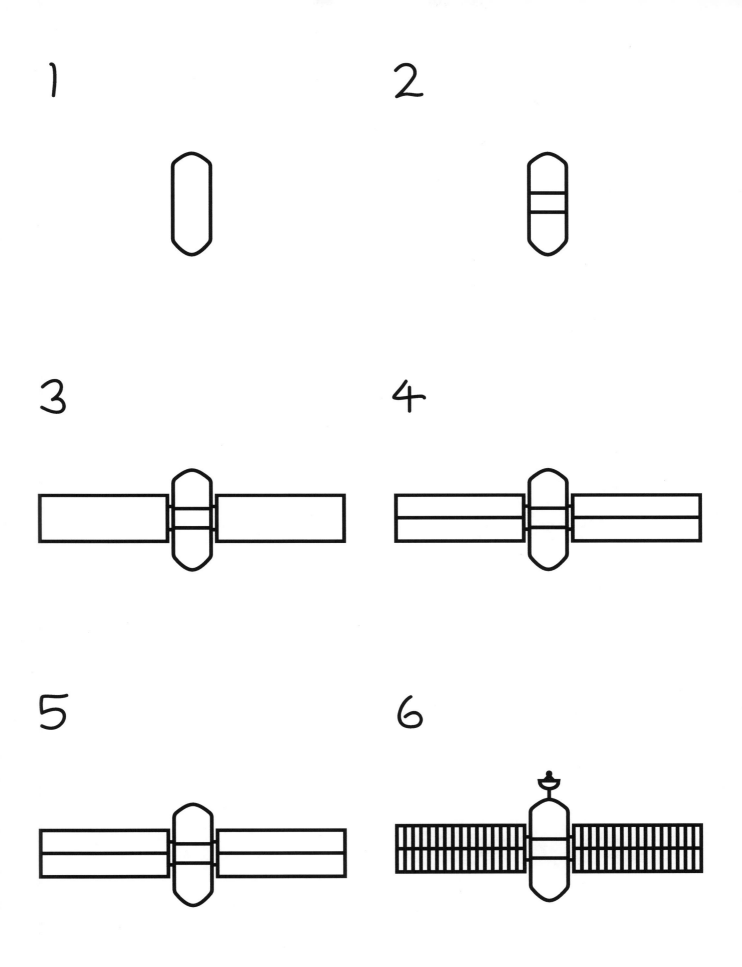

1

2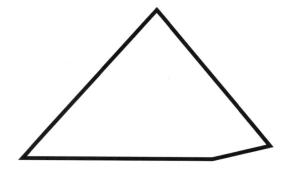

3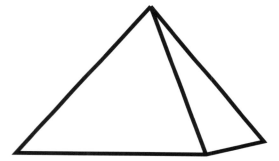

4

5

6

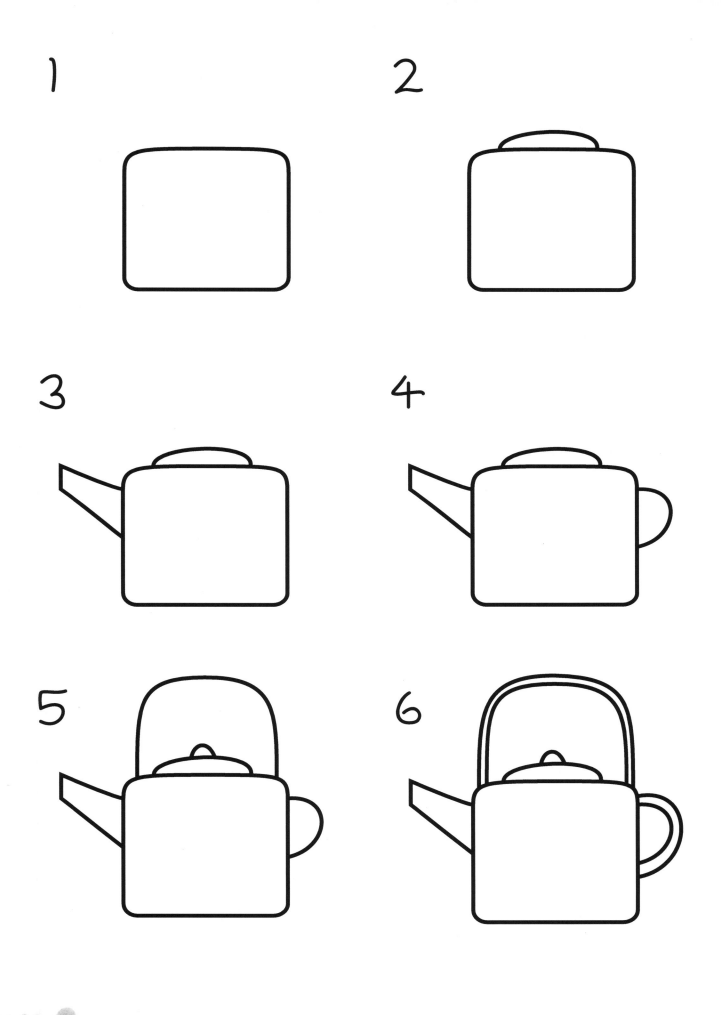

1. so my ex Frendseis wont to Go and Mech my Good Bff on that saied and shys on my saied so they ar Mad But becase ave that th ate Going to be BaD!

2. Hi my name is Athena

Manufactured by Amazon.ca
Bolton, ON

31130653R00057